UND DAS WEINEN DER STERNE

EIN MUSICAL VON TORSTEN KAROW

MuSingal
Verlag Cottbus

Komponiert von:
Torsten Karow, Siegbert Himpel, Lutz Jank,
Carina Pannicke, Detlef Bielke

Redaktion, Layout und Umsetzung:
Ronny Schröter

Transkription & Notensatz:
Marianne Domain-Baer

Illustration:
Manja Zibula

Harausgeber:
MuSingal Verlag Cottbus
Die Lieder zum Buch sind in allen gängigen Downloadportalen
(Amazon, Spotify, iTunes, YouTube etc.) erhältlich.

www.cottbuser-kindermusical.de
www.musingal.de

Druck und Distribution im Auftrag des Verlags:
MuSingal Verlag Cottbus, Berliner Platz 1, 03046 Cottbus

ISBN-Nummern:
ISBN Softcover: 978-3-948870-43-0
ISBN Hardcover: 978-3-948870-52-2
ISBN E-Book: 978-3-948870-42-3

Inhalt

Leadsheets

Songtexte

Billionen Sterne

Text:
Torsten Karow

Komposition:
Torsten Karow/Siegbert Himpel

Bearbeitung:
Siegbert Himpel

"Billionen Sterne" aus dem Musical „LARA und das Weinen der Sterne"

"Billionen Sterne" aus dem Musical „LARA und das Weinen der Sterne"

Das Gute für dich

Text & Komposition:
Torsten Karow

Bearbeitung:
Detlef Bielke

"Das Gute für dich" aus dem Musical „LARA und das Weinen der Sterne"

"Das Gute für dich" aus dem Musical „LARA und das Weinen der Sterne"

Kleine Sterne ganz groß

Text & Komposition:
Torsten Karow

Bearbeitung:
Detlef Bielke

"Kleine Sterne ganz groß" aus dem Musical „LARA und das Weinen der Sterne"

"Kleine Sterne ganz groß" aus dem Musical „LARA und das Weinen der Sterne"

Dance across the universe

Text:
Torsten Karow

Komposition:
Torsten Karow, Siegbert Himpel

Bearbeitung:
Siegbert Himpel

"Dance across the universe" aus dem Musical „LARA und das Weinen der Sterne"

"Dance across the universe" aus dem Musical „LARA und das Weinen der Sterne"

In den dunklen Wassern der Erde

Text:
Torsten Karow

Komposition:
Torsten Karow, Lutz Jank

Bearbeitung:
Lutz Jank

tango feel

Em Em

In den

Em B Am Em

dunk - len Was - sern der Er - de lau - ert das Bö - se auf dich.

Am7 Em B Em

Schon seit ur – al - ten Zei - ten zeigt und ent - fal - tet es sich. In den

Em B Am Em

dunk - len Was - sern der Er - de legt die Angst ih - re Ne - tze aus.

Am7 Em B Em B7 Em

Bist du in ih - nen ge - fang - en fin - dest du nie mehr he - raus. So

1. Em B

Be - alt wie die Welt ist die Bos - heit, nur wann be - kommt sie die Macht? Wenn die

Am Em

Wahr - heit zur Lü - ge sich wan - delt, der Hohn al - les Gu - te be - lacht. Sie

Em B

schleicht sich in eu - er We - sen, die Ge - dank - en raubt sie zu - erst. Aus Ge -

Am B B

dank - en wer - den schnell Wor - te ge - gen die du dich dann nicht mehr wehrst. In den

2.
Em
B
2
stimmt dann das Bö - se die Ta - ten
wird das Ent-rin-nen sehr schwer.
Es er -
Am
Em
greift dich, wirft dich in den Ab-grund,
ei-nen Aus - weg gibt__ es nicht mehr.
Dann
Em
B
nehm´ ich mir dei - ne See - le,
ich fess - le und quä - le sie.
Auf
Am
B
B
e - wig bist__ du dann mein.
Be - frei - en wird__ man dich nie.
In den
Em
B
Am
Em
dunk - len Was sern der Er - de
lau - ert das Bö - se auf dich.
Am7
Em
B
Schon seit ur - al - ten Zei - ten
zeigt und ent - fal - tet es
Em
B7
Em
Em
B
sich.
Gitarre..
Am
Em
Em
B
Am
Em
In den
Em
Am7
Em
B
Em
raus.
Bist du in ih - nen ge - fang - en
fin - dest du nie mehr he - raus.

Göttin der Welt

Text:
Torsten Karow

Komposition:
Torsten Karow, Siegbert Himpel

Bearbeitung:
Siegbert Himpel

"Göttin der Welt" aus dem Musical „LARA und das Weinen der Sterne"

"Göttin der Welt" aus dem Musical „LARA und das Weinen der Sterne"

Einfach hier raus

Text:
Torsten Karow

Komposition:
Torsten Karow, Siegbert Himpel

Bearbeitung:
Siegbert Himpel

"Einfach hier raus" aus dem Musical „LARA und das Weinen der Sterne"

"Einfach hier raus" aus dem Musical „LARA und das Weinen der Sterne"

Kleines Schlaflied (Pachumanu)

Text & Komposition:
Torsten Karow

Bearbeitung:
Carina Pannicke

"Kleines Schlaflied (Pachumanu)" aus dem Musical „LARA und das Weinen der Sterne"

2
E A E B E A E B
33
Lass al - le Tö - ne in___ dein Herz. Tanz ihn weg den dunk - len Schmerz. Pa -
E F♯m/E E F♯m/E A E F♯m7 B
37
chu - ma - nu, Pa - chu - ma - nu, mein klei - nes Mensch - lein fin - de
E Esus4 E Esus4 E Esus4 E
41
Ruh´.
E B E Esus4
45
E B E Esus4 E
48
Pa -
E F♯m/E E F♯m/E A E F♯m7 B E
52
chu - ma - nu, Pa - chu - ma - nu, mein klei - nes Mensch - lein fin - de Ruh´. Pa -
E F♯m/E E F♯m/E A E F♯m7 B E
56
chu - ma - nu, Pa - chu - ma - nu und dei - ne Äug - lein fal - len zu.
A E F♯m7 B E
60

Nur einmal jung

Text: Torsten Karow

Komposition: Torsten Karow/Siegbert Himpel

Bearbeitung: Siegbert Himpel

"Nur einmal jung" aus dem Musical „LARA und das Weinen der Sterne“

"Nur einmal jung" aus dem Musical „LARA und das Weinen der Sterne"

Halt dich an deinen Träumen fest

Text & Komposition:
Torsten Karow

Bearbeitung:
Detlef Bielke

"Halt dich an deinen Träumen fest" aus dem Musical „LARA und das Weinen der Sterne"

2
F Eb Bb Bb
31
Weil je - der Traum___ dich hof- fen lässt.___
F Eb Bb Bb
35
Gib dei - ne Hoff - nung nie - mals auf.___
F Eb Bb Bb
39
So mei - sterst du___ des Le - bens Lauf.___
1. Bb B
43
Nur der ge-winnt,___ der wirk - lich wagt,___ glaub da-ran___ in der__ Ge-fahr.__
Bb B
47
Man-ches wird sich - er schnell__ ge - sagt___ doch die - ser Satz__
Bb
50
ist mehr__ als wahr.___ Bist du hoff - nungs - los___ al - lein__
B Bb
53
ver-trau - e dei- ner Phan - ta - sie.___ Gu-te Ge-dank - en dich__ be - frei´n.__
B Bb
57
Es ist ein biss - chen wie__ Ma - gie.________________
2. Bb Bb #5 Bb 6 Eb F F# E/F# F#
61

3
G△7
F♯m7
Denk an die Mär - chen dei - ner Kind - heit. Sie ü - ber - dau - ern Raum__ und Zeit._
G△7
73
F♯sus4
F♯
Wir-ken noch im – mer tief__ in dir,___ sind wie ein Le – bens - e - li - xier._
G△7
77
F♯m7
Das, wenn man es___ ge - brau - chen kann___ bricht in dir je – den bö – sen Bann._
G△7
81
F♯sus4
F♯
Weil es dich im- mer - fort__ be - schützt.
F♯
85
E
B
B
Halt dich an dei- nen Träu - men fest.___
F♯
89
E
B
B
Weil je - der Traum___ dich hof- fen lässt.___
F♯
93
E
B
B
Gib dei - ne Hoff – nung nie - mals auf.___
F♯
97
E
B
B
So mei - sterst du___ des Le - bens Lauf.___
B
101
B♯5
B6
B♯5
B

Tu, was du willst

Text:
Torsten Karow

Komposition:
Torsten Karow, Siegbert Himpel

Bearbeitung:
Siegbert Himpel

"Tu, was du willst" aus dem Musical „LARA und das Weinen der Sterne"

"Tu, was du willst" aus dem Musical „LARA und das Weinen der Sterne"

Stars are shining forever

Text & Komposition:
Torsten Karow

Bearbeitung:
Detlef Bielke

"Stars are shining forever" aus dem Musical „LARA und das Weinen der Sterne"

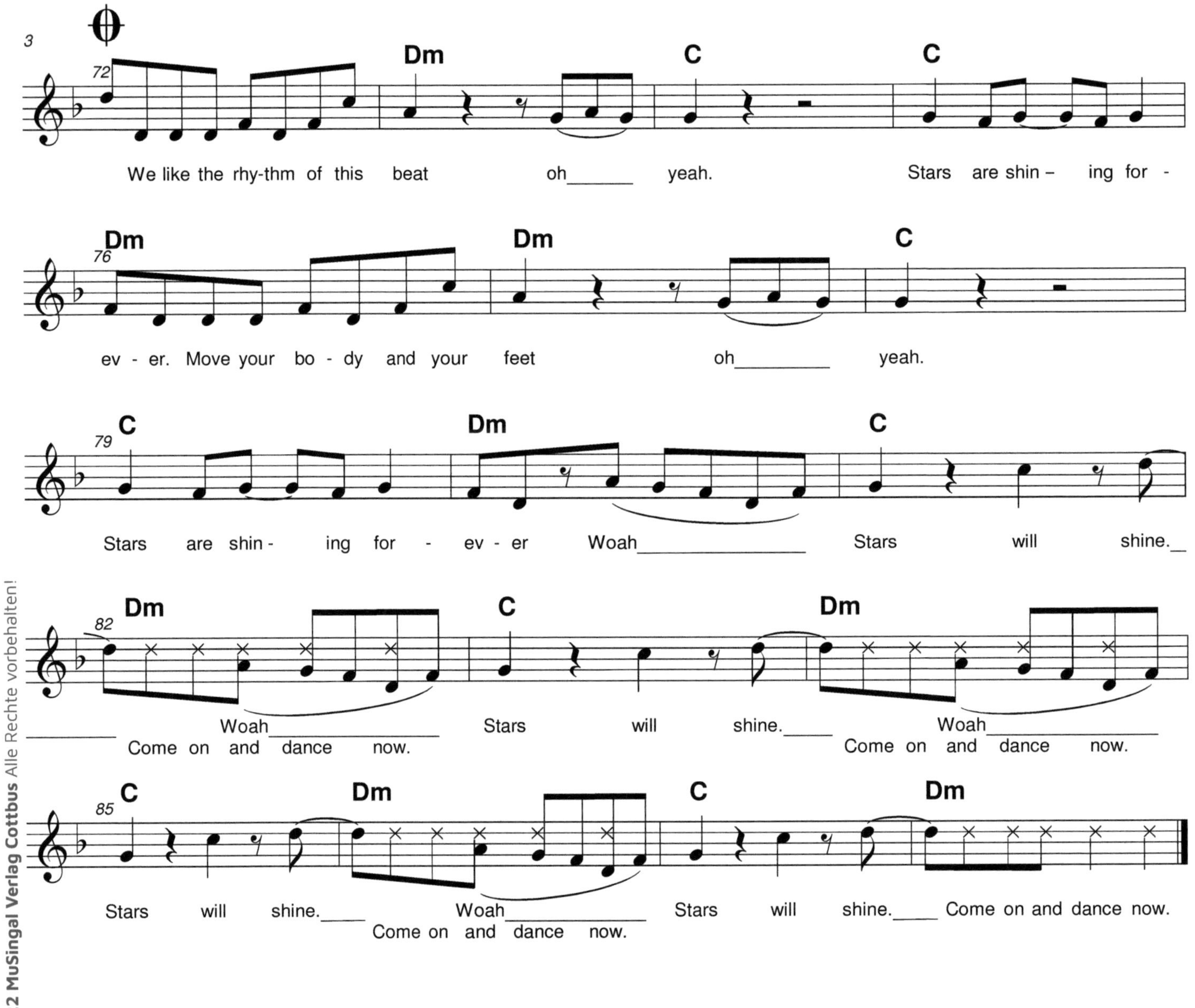
3
72
Dm
C
C
We like the rhy-thm of this beat oh yeah. Stars are shin – ing for -
76
Dm
Dm
C
ev - er. Move your bo - dy and your feet oh yeah.
79
C
Dm
C
Stars are shin - ing for - ev - er Woah Stars will shine.
82
Dm
C
Dm
Woah Stars will shine. Woah
Come on and dance now. Come on and dance now.
85
C
Dm
C
Dm
Stars will shine. Woah Stars will shine. Come on and dance now.
Come on and dance now.

Was ist mit euch los

Text:
Torsten Karow

Komposition:
Torsten Karow/Carina Pannicke

Bearbeitung:
Carina Pannicke

2
41
Bsus4 B E
al - le zu geh´n. Sich mal hin - ten an - stell´n. Ei - ne Ent - schei - dung zu
45
C♯m A
fäll´n, die dir zwar selbst wi - der - strebt doch die für uns
49
Bsus4 B F♯m79 G△79
al - le lebt. Wo wollt ihr denn hin? Ihr sucht nach dem Sinn.
55
C△7 Dsus4 D F♯m79
Doch ihr fin-det ihn nicht, ver-sperrt euch sel-ber die Sicht. Ihr ver-schließt eu-re Welt
61
G△79 C△7 Dsus4
dem der euch nicht ge-fällt. Doch die-ser Weg kann´s nicht sein, denn er
66
D E E
lässt euch al - lein. Ich reich euch die Hand so-lang ich kann.
71
D C D D
Ihr seid es mir wert und e-gal wo und wann bin ich für euch da, denn es ist nie zu spät neu-e We-ge zu
77
C△7 D E
such - en, weil letzt - lich ei - nes nur zählt. An all die Schwa - chen zu
83
A△7 Bsus4 B C△7 E
Doch die für uns al - le lebt.

Meine Rache ist nicht süß

Text:
Torsten Karow

Komposition:
Torsten Karow, Siegbert Himpel

Bearbeitung:
Siegbert Himpel

"Meine Rache ist nicht süß" aus dem Musical „LARA und das Weinen der Sterne“

Sternzeit

Text & Komposition:
Torsten Karow

Bearbeitung:
Siegbert Himpel

"Sternzeit" aus dem Musical „LARA und das Weinen der Sterne"

2.
C C△7 F△7 Gsus4
37
2
Al-te Ge-schich -- ten kom-men jetzt wie - der Er - in-ne-rung kehrt__ zu-rück.____ Die
C C△7 F△7 Gsus4
41
gu - ten Ta- ge, lass sie le- ben da ist doch so___ viel Glück.____
Dm7 G C/E F△7
45
Glaub an dei- ne Träu -- me, lass dich auf__ sie ein._____ Nur wer
Dm7 Dm7 F G
49
sei - ne Träu - me lebt____ kann auch glück - lich sein.____ Es ist wie - der
C C△7 F△7 F6
53
Stern - zeit und du fühlst wie__ ein Kind. Es ist wie - der
Gsus4 G Am F/G
57
Stern - zeit wenn der Win - ter__ be - ginnt.
E♭ B♭ Csus4 C
61
Lass dich nicht__ ins Dunk- el fall´n,__ Ster - ne sind__ doch ü - ber - all.___ Die
E♭ B♭ Csus4 C
65
Hoff-nung lässt__ dich nie___ al - lein__ sie strahlt wie ein__ Krist - all____ sie
G A
69
strahlt wie ein______ Krist - all._______ Es ist wie - der

3
71
D
D△7
G△7
G6
Stern - zeit und du fühlst wie__ ein Kind. Es ist wie - der
75
Asus4
A
Bm
G/A
Stern - zeit wenn der Win - ter__ be - ginnt. Es ist wie - der
79
Stern - zeit und du fühlst wie__ ein Kind. Es ist wie -- der
83
E/G♯
Stern - zeit wenn der Win - ter__ be - ginnt. Und du fühlst wie__ ein
87
D/A
G/A
D
Kind wenn der Win - ter___ be - ginnt.

Irgendwann kommt die Sonne

Text:
Torsten Karow

Komposition:
Torsten Karow, Siegbert Himpel

Bearbeitung:
Siegbert Himpel

"Irgendwann kommt die Sonne" aus dem Musical „LARA und das Weinen der Sterne"

39 G C2 Dsus4 G C2 Dsus4
Son - ne.___ Ir-gend-wann ganz be - stimmt. Ir-gend-wann kommt die

43 G C2 Dsus4 G C2 Dsus4
Son - ne___ und sie lacht wie ein Kind.______ Ir-gend-wann kommt die

47 G C2 Dsus4 G C2 Dsus4
Son - ne___ und sie nimmt dir den Schmerz. Ir-gend-wann kommt die

51 G C2 Dsus4 1. G5 D5 F5 G5 D5 F5
Son - ne___ und er-leich-tert dein Herz.

57 G5 D5 F5 G5 D5 F5
Dunk - el - ta - ge gibt´s oft. Vie - les läuft nicht wie er - hofft.

61 G5 D5 F5 G5 D5 F5
Le - ben macht was es will und du bist ganz still.

65 G5 D5 F5 G5 D5 F5
Al - les fühlt sich nur ver - kehrt an, der Schlau-e, der dich noch be - lehrt dann

69 G5 D5 F5 G5 D5 E
lässt dich ex - plo - dier´n und dein Blut ge - frier´n.

73 F C Gsus4 G
Komm ich schau dich an und hör dir___ ein-fach zu.

77 F C C/D C/D
Manch-mal führt dich nur noch Wut zu___ inn´-rer Ruh. Ir-gend-wann kommt die

"Irgendwann kommt die Sonne" aus dem Musical „LARA und das Weinen der Sterne"

Dein Stern

Text & Komposition:
Torsten Karow

Bearbeitung:
Detlef Bielke

"Dein Stern" aus dem Musical „LARA und das Weinen der Sterne"

"Dein Stern" aus dem Musical „LARA und das Weinen der Sterne"

Sterne für Kinder

Text & Komposition:
Torsten Karow

Bearbeitung:
Carina Pannicke

"Sterne für Kinder" aus dem Musical „LARA und das Weinen der Sterne"

"Sterne für Kinder" aus dem Musical „LARA und das Weinen der Sterne"

Songtext

Billionen Sterne

Text: Torsten Karow

Schließ die Augen, wenn die Welt,
in der du lebst nicht deine ist
Stell dir vor, sie wär` es doch und du
gehst los, so wie du bist
All die Dinge, die dich plagen,
lässt du einfach hinter dir
Und du siehst dein Leben leuchten
in diesem einen Jetzt und Hier

Es gibt nur deinen Weg,
jede Entscheidung die du triffst
Macht dich am Ende aus
Und erbaut dein Lebenshaus

Da sind Billionen Sterne
in Milliarden Galaxien
Das Universum spiegelt sich in dir
Die Vielfalt deiner Träume darfst du
niemals verlier'n
Behalt` sie nicht für dich, komm zeig
sie mir
Selbst in dunklen Nächten kannst du
sein wie Licht
Das anderen den Weg weist und neue
Bahnen bricht
Sei einfach du, sei einfach du
Sei einfach du

Öffne deinen Horizont,
lass dabei nie was unversucht
Denn nur der geht immer weiter,
der auch neue Wege sucht
Habe niemals Angst vor Fehlern,
denn sie bringen dich voran
Und du wirst aus ihnen lernen,
was eigentlich nur gut sein kann

Bist du auf einem Weg,
der in die falsche Richtung führt
Kehr um, so schnell es geht
Dafür ist es nie zu spät

Da sind Billionen Sterne
in Milliarden Galaxien
Das Universum spiegelt sich in dir
Die Vielfalt deiner Träume darfst du
niemals verlier'n
Behalt` sie nicht für dich, komm zeig
sie mir
Selbst in dunklen Nächten kannst du
sein wie Licht
Das anderen den Weg weist und neue
Bahnen bricht
Sei einfach du, sei einfach du
Sei einfach du

Songtext: "Billionen Sterne" aus dem Musical „LARA und das Weinen der Sterne"

Songtext

Das Gute für dich

Text: Torsten Karow

Ich wünsch mir das Gute für dich
Mehr noch als für mich
Ich hoffe, dass du frei von allem Bösen bleibst
Meine Freundschaft schenk` ich dir
Bist immer ein Teil von mir
Ich wach´ über dich, egal was auch passiert

Freundschaft ist mehr als alles Gold der Welt
Weil sie wie ein Licht jedes Dunkel erhellt
Freundschaft trägt auch manche schwere Last
Die du sonst ganz allein zu tragen hast

Bist du dann groß, wirst du manches versteh´n
Und viele Dinge anders seh`n.
Ich will dir helfen, wo ich kann, denk immer daran.
Ich bin so froh, dass ich bei dir bin
Im Leben liegt der Sinn
Freu mich darauf meinen Weg mit dir zu geh´n

Freundschaft ist mehr als alles Gold der Welt
Weil sie wie ein Licht jedes Dunkel erhellt
Freundschaft trägt auch manche schwere Last
Die du sonst ganz allein zu tragen hast

Freundschaft ist mehr als alles Gold der Welt
Weil sie wie ein Licht jedes Dunkel erhellt
Freundschaft trägt auch manche schwere Last
Die du sonst ganz allein zu tragen hast

Freundschaft ist mehr als alles Gold der Welt
Weil sie wie ein Licht jedes Dunkel erhellt
Freundschaft trägt auch manche schwere Last
Die du sonst ganz allein zu tragen hast

Songtext: "Das Gute für dich" aus dem Musical „LARA und das Weinen der Sterne"

Songtext

Kleine Sterne ganz groß

Text: Torsten Karow

Die Gegenwart, sie fliegt vorbei
Vergangenes ist einerlei
Das Lebensrad sich ständig dreht
Weil immer alles vorwärts geht
Auch manches Leben geht verlor´n
Ein Neues wird dafür gebor´n
Und Kinderaugen leuchten schön
Ganz einfach kann man sie versteh´n

Denk daran, irgendwann, werden
Kleine Sterne ganz groß
Manche Welt, die uns gefällt, vergeht
Doch gibt es einen Trost
Denk daran, irgendwann, werden
Kleine Sterne ganz groß.
Sei bereit zu jeder Zeit, denn
Du wählst dein eignes Los
Irgendwann, denk daran, werden
Kleine Sterne ganz groß

Vertraue dir und deinem Glück
Schau nach vorn und nie zurück
Renn vor Problemen nicht davon
Träum dich in keinen Luftballon
Denn wenn der platzt, dann fällst du tief
Und plötzlich siehst du alles schief
Auch wenn du dich nur treiben lässt
Hält dich am Ende keiner fest

Denk daran, irgendwann, werden
Kleine Sterne ganz groß
Manche Welt, die uns gefällt, vergeht
Doch gibt es einen Trost
Denk daran, irgendwann, werden
Kleine Sterne ganz groß.
Sei bereit zu jeder Zeit, denn
Du wählst dein eignes Los
Irgendwann, denk daran, werden
Kleine Sterne ganz groß

Kennst du das alte Gefühl
Es bedeutet so viel
Schon von Anfang an
Hat jede Frau, jeder Mann
Es einmal gespürt
Und dann ist so vieles passiert

Denk daran, irgendwann, werden
Kleine Sterne ganz groß
Manche Welt, die uns gefällt, vergeht
Doch gibt es einen Trost
Denk daran, irgendwann, werden
Kleine Sterne ganz groß.
Sei bereit zu jeder Zeit, denn
Du wählst dein eignes Los
Irgendwann, denk daran, werden
Kleine Sterne ganz groß

Songtext: "Kleine Sterne ganz groß" aus dem Musical „LARA und das Weinen der Sterne"

Songtext

Dance across the universe

Text: Torsten Karow

Dance across the universe
Across the universe
Dance across the universe
Across the universe

Sterne steh´n für die Unendlichkeit
Hey bist auch du bereit
In ihr Licht zu seh'n
Lass dich fall'n in diese alte Kraft
Die immer neues schafft
Komm willst du mit mir geh'n

Dich durchströmt diese Lebensenergie
Du fühlst das Universum wie noch nie
Und die Welt deiner Träume lässt dich ein
Glaube, denn sie kann auch wirklich sein

Dance across the universe
Across the universe
Dance across the universe
Across the universe

Wenn auch irgendwann das Chaos siegt
Glaub mir das alles liegt
Noch weit entfernt
Allein was grade ist, für jeden zählt
Und alles andere quält
Hast du das jetzt gelernt

Dich durchströmt diese Lebensenergie
Du fühlst das Universum wie noch nie
Und die Welt deiner Träume lässt dich ein
Glaube, denn sie kann auch wirklich sein

Dance across the universe
Across the universe
Dance across the universe
Across the universe

Dance across the universe
Across the universe
Dance across the universe
Across the universe

Dich durchströmt diese Lebensenergie
Du fühlst das Universum wie noch nie
Und die Welt deiner Träume lässt dich ein
Glaube, denn sie kann auch wirklich sein

Dance across the universe
Across the universe
Dance across the universe
Across the universe

Dance across the universe
Across the universe
Dance across the universe
Across the universe

Songtext: "Dance across the universe" aus dem Musical „LARA und das Weinen der Sterne"

Songtext

In den dunklen Wassern der Erde

Text: Torsten Karow

In den dunklen Wassern der Erde
Lauert das Böse auf dich
Schon seit uralten Zeiten
Zeigt und entfaltet es sich
In den dunklen Wasser der Erde
Legt die Angst ihre Netze aus
Bist du in ihnen gefangen
Findest du nie mehr heraus

So alt wie die Welt ist die Bosheit
Nur wann bekommt sie die Macht?
Wenn die Wahrheit zur Lüge sich wandelt
Der Hohn alles Gute belacht
Sie schleicht sich in euer Wesen
Die Gedanken raubt sie zuerst
Aus Gedanken werden schnell Worte
Gegen die du dich dann nicht mehr wehrst

In den dunklen Wassern der Erde
Lauert das Böse auf dich
Schon seit uralten Zeiten
Zeigt und entfaltet es sich

In den dunklen Wasser der Erde
Legt die Angst ihre Netze aus
Bist du in ihnen gefangen
Findest du nie mehr heraus

Bestimmt dann das Böse die Taten
Wird das Entrinnen sehr schwer
Es ergreift dich, wirft dich in den Abgrund
Einen Ausweg gibt es nicht mehr
Dann nehm` ich mir deine Seele
Ich fessle und quäle sie
Auf ewig bist du dann mein
Befreien wird man dich nie

In den dunklen Wassern der Erde
Lauert das Böse auf dich
Schon seit uralten Zeiten
Zeigt und entfaltet es sich

In den dunklen Wasser der Erde
Legt die Angst ihre Netze aus
Bist du in ihnen gefangen
Findest du nie mehr heraus

Songtext: "In den dunklen Wassern der Erde" aus dem Musical „LARA und das Weinen der Sterne"

Songtext

Göttin der Welt

Text: Torsten Karow

Komm schau mich an,
sieh was ich kann
Diese Welt liegt mir zu Füßen,
sie gehört schon immer mir
Ich bin das Drama und jedes Karma
Bestimm alleine ich,
in mir lebt jenes wilde Tier

Zum Angriff bereit und immer aus auf Streit
Ich hasse, lüge, hetze,
kenne jeden dieser Sätze
Der dich auf meine Seite zieht
Bis auch der Letzte vor mir kniet

Ich bin die Göttin der Welt
Die alles hier zusammenhält
Ich bin die Göttin der Welt
Die alles hier zusammenhält

Ich bin das A und O,
schon immer war das so
Ich habe alle Macht,
sogar die Zeit hab ich besiegt
Steh´ über allen Dingen,
kann dich zum Wahnsinn bringen
Meine Waffe ist die Angst, die längst an
deiner Schläfe liegt

Hast keine Chance,
ich nehm´ dir deine Balance
Ich buhle, lobe, schwätze, kenne jeden die-
ser Sätze
Der dich auf meine Seite zieht
Bis auch der Letzte vor mir kniet

Ich bin die Göttin der Welt
Die alles hier zusammenhält
Ich bin die Göttin der Welt
Die alles hier zusammenhält

Glaubt an sie, betet sie an
Nur sie allein bringt uns voran,
bringt uns voran
Jubelt laut, verneigt euch vor ihr
Nur weil es sie/mich gibt,
seid ihr alle noch hier
Noch alle hier

Sie ist die Göttin der Welt
Die alles hier zusammenhält
Sie ist die Göttin der Welt
Die alles hier zusammenhält
Ich bin die Göttin der Welt
Die alles hier zusammenhält
Ich bin die Göttin der Welt
Die alles hier zusammenhält

Songtext: "Göttin der Welt" aus dem Musical „LARA und das Weinen der Sterne"

Songtext

Einfach hier raus

Text: Torsten Karow

Ich lieg in lauter Asche
Alles um mich rum stürzt ein
Und ich möchte einfach nur
woanders sein
Ich träum von einer Insel
Egal in welchem Märchenreich
Fliegender Teppich trag mich über´n
großen Teich

Wohin ich mich auch träum
Da muss es einfach besser sein
Will mich doch nur wieder freu´n
An jedem neuen Sonnenschein

Ich will einfach hier raus
Ganz ohne Ziel
Halt es hier nicht mehr aus
Alles zu viel
Brauche eine neue Richtung
Einen andern Lebenssinn
Denn das ist doch nicht alles
Da ist doch noch so viel drin
Ich muss hier raus

Ich hasse all` die alten Fetzen
Die ich noch immer an mir trag
Und dich ich doch schon lange nicht
mehr mag
Ich hab mich zu lang ergeben
In ein Leben, dass mich quält
Doch ich hab es letztendlich
nicht gewählt

Wohin ich mich auch träum
Da muss es einfach besser sein
Will mich doch nur wieder freu´n
An jedem neuen Sonnenschein

Ich will einfach hier raus
Ganz ohne Ziel
Halt es hier nicht mehr aus
Alles zu viel
Brauche eine neue Richtung
Einen andern Lebenssinn
Denn das ist doch nicht alles
Da ist doch noch so viel drin
Ich muss hier raus

Ich will einfach hier raus
Ganz ohne Ziel
Halt es hier nicht mehr aus
Alles zu viel
Brauche eine neue Richtung
Einen andern Lebenssinn
Denn das ist doch nicht alles
Da ist doch noch so viel drin
Ich muss hier raus

Songtext: "Einfach hier raus" aus dem Musical „LARA und das Weinen der Sterne"

Songtext

Kleines Schlaflied (Pachumanu)

Text: Torsten Karow

Pachumanu, Pachumanu
Mein kleines Menschlein finde Ruh
Pachumanu, Pachumanu
Und deine Äuglein fallen zu

Träum dich hinein ins Traumsterneland
Wo das Glück die Liebe fand

Pachumanu, Pachumanu
Mein kleines Menschlein finde Ruh

Komm schnell mit mir in den Märchenwald
Wo die Angst im Nichts verhallt

Pachumanu, Pachumanu
Und deine Äuglein fallen zu

Lass helle Töne in dein Herz
Tanz hinweg den dunklen Schmerz

Pachumanu, Pachumanu
Mein kleines Menschlein finde Ruh

Pachumanu, Pachumanu
Mein kleines Menschlein finde Ruh
Pachumanu, Pachumanu
Und deine Äuglein fallen zu

Songtext

Nur einmal jung

Text: Torsten Karow

Hey, ich brauch meine Freiheit
Und meine Freunde
Doch was ich gar nicht brauch sind
Druck und Stress

Hey, ich brauch eure Liebe
Anerkennung und Respekt
Was ich nicht brauch sind Streit und
Hausarrest

Nehmt uns einfach, wie wir sind
Halt noch nicht so ganz erwachsen,
doch schon gar nicht mehr Kind

Nehmt uns einfach, wie wir sind
Halt noch nicht so ganz erwachsen,
doch schon gar nicht mehr Kind

Bist nur einmal jung
Glaub an deinen Traum
Verlasse auch mal Zeit und Raum
Nur einmal jung
Leben ist ein Abenteuer
Und kein böses Ungeheuer
Nur einmal jung
Sei einfach, wer du bist
Und nimm alles wie es ist
Nur einmal, jung
Hey mach das Beste draus
Schalt alle dunklen Lichter aus
Nur einmal jung

Hey ich lebe mein Leben
Wie ich es will
Euch geht schon lange nicht
mehr alles an

Hey ich geh meine Wege
Und fall bestimmt auch hin
Eben so wie ich sie gehen kann

Nehmt uns einfach, wie wir sind
Halt noch nicht so ganz erwachsen,
doch schon gar nicht mehr Kind

Nehmt uns einfach, wie wir sind
Halt noch nicht so ganz erwachsen,
doch schon gar nicht mehr Kind

Bist nur einmal jung
Glaub an deinen Traum
Verlasse auch mal Zeit und Raum
Nur einmal jung
Leben ist ein Abenteuer
Und kein böses Ungeheuer
Nur einmal jung
Sei einfach, wer du bist
Und nimm alles wie es ist
Nur einmal, jung
Hey mach das Beste draus
Schalt alle dunklen Lichter aus
Nur einmal jung

Songtext: "Nur einmal jung" aus dem Musical „LARA und das Weinen der Sterne"

Songtext

Halt dich an deinen Träumen fest

Text: Torsten Karow

Märchenhafte Illusionen
Laden dich zum Träumen ein
Farbenfrohe Dimensionen
Entführen dich ins Glücklichsein

In all den uralten Geschichten
Siehst du Weisheit, Ruhe, Kraft
Versuche neue zu erdichten
Weil jede in dir Gutes schafft

Halt dich an deinen Träumen fest
Weil jeder Traum dich hoffen lässt
Gib deine Hoffnung niemals auf
So meisterst du des Lebens Lauf

Nur der gewinnt, der wirklich wagt
Glaub daran in der Gefahr
Manches wird sicher schnell gesagt
Doch dieser Satz ist mehr als wahr

Bist du hoffnungslos allein
Vertraue deiner Phantasie
Gute Gedanken dich befrei´n
Es ist ein bisschen wie Magie
Halt dich an deinen Träumen fest
Weil jeder Traum dich hoffen lässt
Gib deine Hoffnung niemals auf
So meisterst du des Lebens Lauf

Denk an die Märchen deiner Kindheit
Sie überdauern Raum und Zeit
Wirken noch immer tief in dir
Sind wie ein Lebenselixier
Das, wenn man es gebrauchen kann
Bricht in dir jeden bösen Bann
Weil es dich immerfort beschützt

Halt dich an deinen Träumen fest
Weil jeder Traum dich hoffen lässt
Gib deine Hoffnung niemals auf
So meisterst du des Lebens Lauf

Songtext: "Halt dich an deinen Träumen fest" aus dem Musical „LARA und das Weinen der Sterne"

Songtext
Tu, was du willst

Text: Torsten Karow

Hey du, was fühlst du, wenn du in dich hörst
Hey du, was glaubst du, wen du damit störst
Hey du, ich sag dir, das ist doch ganz egal
Du hast nur eine Wahl

Hey du, ich zeig dir, wo deine Bosheit ist
Hey du, dann siehst du, wer aus der Hand dir frisst
Hey du, ich sag dir, dass ist nicht
wirklich schwer
Die Masse klebt an dir wie Teer

Tu, was du willst
Das Böse fühlt sich wohl in dir
Tu, was du willst
Und es gibt für dich kein „WIR"
Wer braucht schon die Gemeinschaft
Denn mein „ICH" ist absolut
Tu, was du willst
Und gut!

Hey du, was denkst du, wohin dich das führt
Wenn dich dann irgendwann auch kein
Mitleid rührt
Hey du ich sag dir, Gewissen ist nicht mehr
Und es fällt dir nichts mehr schwer

Hey du ich schwör dir, so lebt es sich
sehr leicht
Und hast du dann dein letztes Ziel erreicht
Sitzt du fest, auf deinem kalten Thron
Und lachst voller Hohn

Tu, was du willst
Das Böse fühlt sich wohl in dir
Tu, was du willst
Und es gibt für dich kein „WIR"
Wer braucht schon die Gemeinschaft
Denn mein „ICH" ist absolut
Tu, was du willst
Und gut!

Songtext: "Tu, was du willst" aus dem Musical „LARA und das Weinen der Sterne"

Songtext

Stars are shining forever

Text: Torsten Karow

We like the rhythm of this beat, oh yeah
Stars are shining forever
Move your body and your feet, oh yeah
Stars are shining forever
Oooh Stars will shine
Come on and dance now

We like the rhythm of this beat, oh yeah
Stars are shining forever
Move your body and your feet, oh yeah
Stars are shining forever
Oooh Stars will shine
Come on and dance now

Everybody needs somebody
Come to dance on our party
Feel the music, feel the beat
Move your body and your feet

Every day and every night
We want dance, yes it´s right
Let the music in your toes
Yeah, and so the feeling grows

We like the rhythm of this beat, oh yeah
Stars are shining forever
Move your body and your feet, oh yeah
Stars are shining forever
Oooh Stars will shine
Come on and dance now

When we dance, we have fun
Burning hearts, like the sun
Dance, dance, sing and dance
Don´t give trouble a chance

People dancing in the street
See the rhythm in their feet
Yes, they dancing everywhere
Love and fun are in the air

We like the rhythm of this beat, oh yeah
Stars are shining forever
Move your body and your feet, oh yeah
Stars are shining forever
Oooh Stars will shine
Come on and dance now

Everybody needs somebody
Come to dance on our party
Feel the music, feel the beat
Move your body and your feet

When we dance, we have fun
Burning hearts like the sun
Dance, dance, sing and dance
Don´t give trouble a chance

We like the rhythm of this beat, oh yeah
Stars are shining forever
Move your body and your feet, oh yeah
Stars are shining forever
Oooh Stars will shine
Come on and dance now

Songtext: "Stars are shining forever" aus dem Musical „LARA und das Weinen der Sterne"

Songtext

Was ist mit euch los

Text: Torsten Karow

Was ist mit euch los
Euer Ego ist groß
Hauptsache ich
Mehr gibts für euch nicht

Was ist euer Plan
Ihr reißt uns aus der Bahn
Für `nen Moment voller Glück
Werft ihr alles zurück

Es fällt mir schwer euch zu versteh`n
Euren Weg kann ich einfach nicht mehr mitgeh`n
Hört auf keine Vernunft, keinen noch so klugen Rat
Es war doch nicht viel, nicht viel, um was ich euch bat

An all die Schwachen zu denken
Einander Liebe zu schenken
Zusammenzusteh`n, den Weg für uns alle zu geh`n

Sich mal hinten anstell`n
Eine Entscheidung zu fäll´n
Die dir zwar selbst widerstrebt
Doch die für uns alle lebt

Wo wollt ihr denn hin
Ihr sucht nach dem Sinn
Doch ihr findet ihn nicht
Versperrt euch selber die Sicht

Ihr verschließt eure Welt
Dem der euch nicht gefällt
Doch dieser Weg kann`s nicht sein
Denn er lässt euch allein

Reich euch die Hand, solang ich kann
Ihr seid es mir wert und egal wo und wann
Bin ich für euch da, denn es ist nie zu spät
Neue Wege zu suchen, weil letztlich eines nur zählt

An all die Schwachen zu denken
Einander Liebe zu schenken
Zusammenzusteh`n, den Weg für uns alle zu geh`n

Sich mal hinten anstell`n
Eine Entscheidung zu fäll´n
Die dir zwar selbst widerstrebt
Doch die für uns alle lebt

Doch die für uns alle lebt

Songtext: "Was ist mit euch los" aus dem Musical „LARA und das Weinen der Sterne"

Songtext

Meine Rache ist nicht süß

Text: Torsten Karow

Solange gewartet, solange gehofft
Nie verglomm mein brennender Docht
Ich brachte die Massen hinter mich
Mit der Angst, die ich schürte, verschwand jedes Licht
Nur die Flamme des Hasses trug ich
vor mir her
Und die Schwachen im Geiste liebten es sehr

Meine Rache ist nicht süß
Meine Rache schmeckt bitter, ist böse
und fies
Meine Rache ist heiß
Ihr ludet mich ein, bei euch zu sein
Und nun bezahlt ihr den Preis

Eure Welt ist zu bunt,
Ihr lauft doch nicht rund
Eure Gutheit nervt mich so an
Und nun brech´ ich in euer Leben ein
Und nehme mir jetzt, was längst schon mein
Ihr selbst habt euch diesen Tag hier gemacht
Hört genau hin, wenn meine Bosheit
euch lacht

Meine Rache ist nicht süß
Meine Rache schmeckt bitter, ist böse
und fies
Meine Rache ist heiß
Ihr ludet mich ein, bei euch zu sein
Und nun bezahlt ihr den Preis

Meine Rache ist nicht süß
Meine Rache schmeckt bitter, ist böse
und fies
Meine Rache ist heiß
Ihr ludet mich ein, bei euch zu sein
Und nun bezahlt ihr den Preis

Songtext

Sternzeit

Text: Torsten Karow

Es ist wieder Sternzeit
Und du fühlst wie ein Kind
Es ist wieder Sternzeit
wenn der Winter beginnt

Es ist wieder Sternzeit
Und du fühlst wie ein Kind
Es ist wieder Sternzeit
wenn der Winter beginnt

Graue Tage, lange Nächte
Der Sommer ist so fern
Dunkle Gedanken machen dich traurig
Diese Zeit mag keiner gern
Doch richte dein Blick gen Himmel
Sterne glitzern in dein Herz
Sie schenken neue Hoffnung
Nehmen dir den Schmerz

Es ist wieder Sternzeit
Und du fühlst wie ein Kind
Es ist wieder Sternzeit
wenn der Winter beginnt

Alte Geschichten kommen jetzt wieder
Erinnerung kehrt zurück
Die guten Tage, lass sie leben
Da ist doch so viel Glück
Glaub an deine Träume
Lass dich auf sie ein
Nur wer seine Träume lebt
Kann auch glücklich sein

Es ist wieder Sternzeit
Und du fühlst wie ein Kind
Es ist wieder Sternzeit
wenn der Winter beginnt

Lass dich nicht ins Dunkel fallen
Sterne sind doch überall
Die Hoffnung lässt dich nie allein
Sie strahlt wie ein Kristall
Sie strahlt wie ein Kristall

Es ist wieder Sternzeit
Und du fühlst wie ein Kind
Es ist wieder Sternzeit
wenn der Winter beginnt

Songtext: "Sternzeit" aus dem Musical „LARA und das Weinen der Sterne"

Songtext

Irgendwann kommt die Sonne

Text: Torsten Karow

Alles um dich ist Nacht
Bist um den Schlaf gebracht
Alles ist nur noch schwer
Augen tränenleer
Nicht mal dein Spielgelbild kennt dich
Ein starkes Mädchen flennt nicht
Viel zu oft standest du auf
Hey mal muss es raus

Komm ich halt dich fest und bin jetzt für dich da
Fallende Tränenschleier, deine Augen werden klar

Irgendwann kommt die Sonne
Irgendwann ganz bestimmt
Irgendwann kommt die Sonne
Und sie lacht wie ein Kind
Irgendwann kommt die Sonne
Und sie nimmt dir den Schmerz
Irgendwann kommt die Sonne
Und erleichtert dein Herz

Dunkeltage gibt's oft
Vieles läuft nicht wie erhofft
Leben macht was es will
Und du bist ganz still
Alles fühlt sich nur verkehrt an
Der Schlaue, der dich noch belehrt dann
Lässt dich explodier´n
Und dein Blut gefrier´n

Komm ich schau dich an und hör dir einfach zu
Manchmal führt dich nur noch Wut zu inn´rer Ruh´

Irgendwann kommt die Sonne
Irgendwann ganz bestimmt
Irgendwann kommt die Sonne
Und sie lacht wie ein Kind
Irgendwann kommt die Sonne
Und sie nimmt dir den Schmerz
Irgendwann kommt die Sonne
Und erleichtert dein Herz

Songtext: "Irgendwann kommt die Sonne" aus dem Musical „LARA und das Weinen der Sterne"

Songtext

Dein Stern

Text: Torsten Karow

Wenn die Schatten länger werden
Und die Nacht den Tag verdrängt
Bin ich dein Stern am Firmament
Wenn alles um dich dunkel wird
Und auch ein Freund dich nicht erkennt
Bin ich dein Stern am Firmament

Ich leuchte hell
Selbst Wolken halten mich nicht auf
Bin für dich da
Schau einfach nur zu mir hinauf
Allein dein Glauben vervielfacht
meine Kraft
Gib nur nicht auf
Gib nur nicht auf

Nimm mein Licht, ich schenk es dir
Verzage nicht, vertraue mir
Denn wenn du willst, bleib ich dein
Stern
Nimm mein Licht, ich schenk es dir
Verzage nicht, vertraue mir
Denn wenn du willst, bleib ich dein
Stern
Für alle Zeit

Wenn die Zeiten härter werden
Dir niemand mehr ein Lächeln schenkt
Bin ich dein Stern am Firmament
Wenn die Hoffnung dich verlässt
Und Einsamkeit dich kalt umfängt
Bin ich dein Stern am Firmament

Blieb immer stark
Und auch ein Sturm mich nie bezwang
Strahlte für dich
All die dunklen Zeiten lang
So war es stets und so soll es immer
sein
Hab keine Angst,
Hab keine Angst

Nimm mein Licht, ich schenk es dir
Verzage nicht, vertraue mir
Denn wenn du willst, bleib ich dein
Stern
Nimm mein Licht, ich schenk es dir
Verzage nicht, vertraue mir
Denn wenn du willst, bleib ich dein
Stern
Für alle Zeit

Songtext: "Dein Stern" aus dem Musical „LARA und das Weinen der Sterne"

Songtext

Sterne für Kinder

Text: Torsten Karow

Kinder brauchen Sterne
Sterne für Kinder
Sie spenden Licht
In der Dunkelheit

Manches Kind wird nicht
gesund geboren
Und ihm fällt so vieles einfach schwer
Es braucht viel Hilfe
Und das Geld ist oft nicht da
Doch da gibt es Leute und kleine Wun-
der werden wahr

Kinder brauchen Sterne
Sterne für Kinder
Sie spenden Licht
In der Dunkelheit
Kinder brauchen Sterne
Sterne für Kinder
Mehr ist es nicht
Und ein bisschen Zeit

Manche Eltern bekommen keine Arbeit
Obwohl sie sich so sehr bemüh´n
Sie brauchen Hilfe
Und jeder Gang zum Amt ist eine Qual
Doch es gibt Leute, die helfen immer,
ganz egal

Eltern brauchen Sterne
Sterne für Eltern
Sie spenden Licht
In der Dunkelheit
Eltern brauchen Sterne
Sterne für Eltern
Mehr ist es nicht
Und ein bisschen Zeit

Manche Menschen fühlen sich nicht gut
Und sie haben die Hoffnung
fast verlor´n
Sie brauchen Hilfe
Denn sie finden keine Ruh´
Doch es gibt Leute, die hören einfach zu

Menschen brauchen Sterne
Sterne für Menschen
Sie spenden Licht
In der Dunkelheit
Menschen brauchen Sterne
Sterne für Menschen
Mehr ist es nicht
Und ein bisschen Zeit

Kinder brauchen Sterne
Sterne für Kinder
Sie spenden Licht
In der Dunkelheit

Songtext: "Sterne für Kinder" aus dem Musical „LARA und das Weinen der Sterne"